❷ JavaScript とは

JavaScript は，動きを表現できなかった Web ページに，動きや対話性を持たせることを目的として開発されたプログラミング言語です。主要なブラウザのほとんどが対応しています。

JavaScript はスクリプト言語（簡易プログラミング言語）なので，直接，HTML ファイルにテキスト形式で書き込みをします。HTML 文書の本文と区別するため，<script> ～ </script> の中にプログラムを書きます。

❷ スクリプトとは

<script> と </script> の間に書かれるものを「スクリプト」と呼びます。スクリプトは，ブラウザがそのまま表示するのではなく，スクリプトとして認識して，処理が行われます。

JavaScript の場合，他のスクリプト言語と区別するため，<script type="text/JavaScript"> と書きます。一般的なブラウザでは，何も書かれていなければJavaScriptとして処理するので書かなくても問題はありません。また，スクリプトの中の１つ１つの行は「ステートメント」といいます。

❷ オブジェクトとは

JavaScript では，ウインドウ，ドキュメント，フォームなど，ページの表示に関わるさまざまなものを制御します。これらをすべて「オブジェクト」と呼びます。

❷ プロパティとは

「プロパティ」とはオブジェクトの属性です。例えば，文書（document）というオブジェクトには，プロパティとして「タイトルバーの文字列」（title），「文字の色」（fgColor），「背景の色」（bgColor）などがあります。

背景色を赤色にしたい場合は，document.bgColor="red"; のように書きます。

❷ メソッドとは

特定のオブジェクトを指定して，それに与える命令を「メソッド」と呼びます。オブジェクトの後ろに「．」（ピリオド）を書いて，さらにメソッドを書きます。

```
オブジェクト．メソッド（）；
```

例えば，p.3 のプログラムでは以下のようになります。

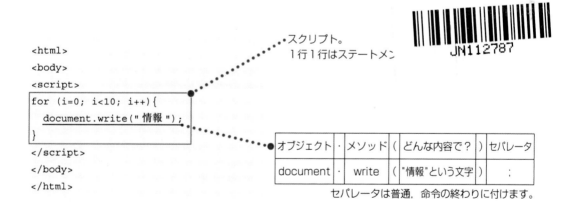

```
<html>
<body>
<script>
for (i=0; i<10; i++){
  document.write(" 情報 ");
}
</script>
</body>
</html>
```

スクリプト。
１行１行はステートメン

JN112787

オブジェクト	・	メソッド	（	どんな内容で？	）	セパレータ
document	・	write	（	"情報"という文字	）	；

セパレータは普通，命令の終わりに付けます。

本書で使用される
オブジェクト，プロ
パティ，メソッドは
p.33 を参照。

＊本書は，Windows 版 Internet Explorer 6.0 での表示に基づいて記述されています。ユーザの環境によって，必ずしも本書の表示通りにはならないことをご了承ください。
＊本書に記載した会社名，ソフトウェア名，ハードウェア名は，各社の商標および登録商標です。

2 JavaScript を使ってみよう！

●プログラムって何？

　仕事や行なうべき手順をわかりやすく表したものをプログラムといいます。

　コンピュータもプログラムを読み込んで動作しています。

　JavaScript を使ってプログラムを書くことができます。

コンピュータ
のプログラム

読み込む

◇プログラムの例
①コンサートのプログラム

曲名や作曲者の名前が書かれています。

②料理のレシピ

材料や調理の方法が書かれています。

●プログラムを作ってみよう（メモ帳の起動）

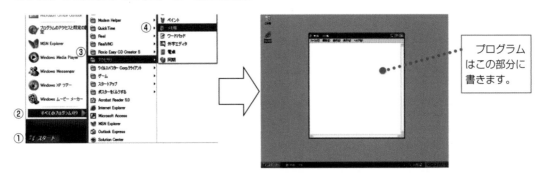

プログラムはこの部分に書きます。

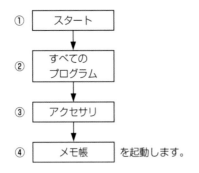

① スタート

② すべての
　プログラム

③ アクセサリ

④ メモ帳　を起動します。

ワープロソフトでプログラムを作ることはできません。

●プログラムを入力してみよう

```
<html>
<body>
<script>
for (i=0; i<10; i++){
  document.write("情報");
}
</script>
</body>
</html>
```

正確に入力しよう。

キー	名称	
+ : れ	セミコロン	
{ [「 。	中カッコ開き	
}] 」 む	中カッコ閉じ	SHIFT キーと同時に押します。
" 2 ふ	ダブルクォート	

●プログラムを保存しよう

Step1
　[ファイル]から[名前をつけて保存]を選びます。

Step2
1. 保存場所を確認します。
2. ファイル名は半角英数字にします。.HTML
3. 保存ボタンを押します。

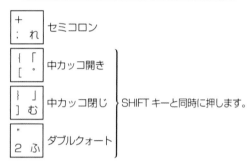

Step3
　ファイルができているか確認します。

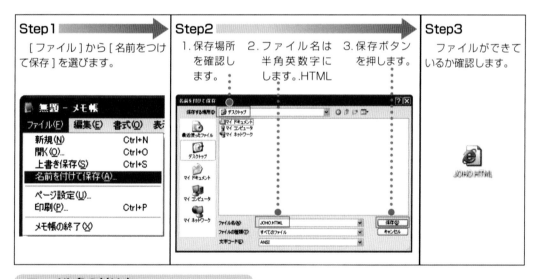

JOHO.HTML

ファイル名の付け方

必ず半角の英字，数字，ハイフン，アンダーバーのみで付けます。

ファイル名を見れば中身がわかるようにします。

ファイル名の右端に「.HTML」を付けます。

よい例
JOHO.HTML
joho.HTML
JOHO.html
joho.html
SHIZEN.HTML

わるい例
P1.html
ジャバスクリプト .HTML
CAT!DOG.HTML
an apple.html
JOHO.TXT

●プログラムを実行してみよう

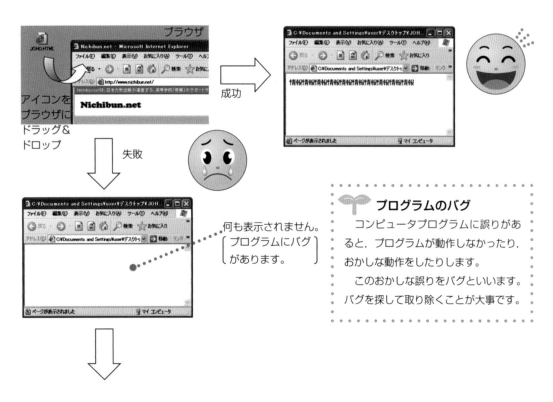

成功

失敗

何も表示されません。
[プログラムにバグ
があります。]

🌱 プログラムのバグ

　コンピュータプログラムに誤りがあ
ると，プログラムが動作しなかったり，
おかしな動作をしたりします。
　このおかしな誤りをバグといいます。
バグを探して取り除くことが大事です。

●プログラムを修正しよう

○プログラムを修正したら

1 上書き保存します。

2 ブラウザの再読み込み（更新）ボタンを押します。

3 動作を確認します。

保存されているプログラムの修正も同じ方法で可能です！（宿題に活用しよう）

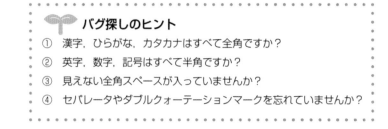

🌱 バグ探しのヒント
① 漢字，ひらがな，カタカナはすべて全角ですか？
② 英字，数字，記号はすべて半角ですか？
③ 見えない全角スペースが入っていませんか？
④ セパレータやダブルクォーテーションマークを忘れていませんか？

3 簡単 HTML 講座

❓ HTML とは

Web ページなどを作るときに使う言語です。
ブラウザは HTML で書かれた内容を読んで，それにしたがってページデザインを行なっています。

❓ HTML のタグ

HTML にはタグという特別な文字列があります。

- ・<html> ～ </html>　HTML 文書の始まりと終わり。
- ・<head> ～ </head>　ヘッダ部分の始まりと終わり。ヘッダ部分には文書全体に関わる指定などを書きます。
- ・<body> ～ </body>　本文の始まりと終わり。
- ・<script> ～ </script>　スクリプトの始まりと終わり。

HTML の中でスクリプトを書く場所は，<head> と </head> の間，<body> と </body> の間のいずれかです。

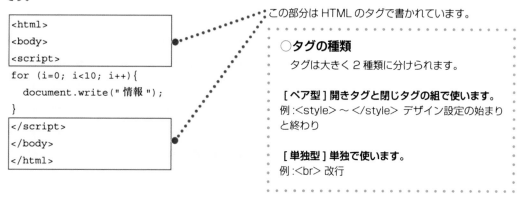

```
<html>
<body>
<script>
for (i=0; i<10; i++){
    document.write(" 情報 ");
}
</script>
</body>
</html>
```

この部分は HTML のタグで書かれています。

○タグの種類

タグは大きく 2 種類に分けられます。

[ペア型] 開きタグと閉じタグの組で使います。
例 :<style> ～ </style> デザイン設定の始まりと終わり

[単独型] 単独で使います。
例 :
 改行

❓ 本書で使用されるタグ一覧

タ　グ	意　　味	ページ	タ　グ	意　　味	ページ
<a href=" ">～</a>	アンカー	19 など	<img src=" ">	画像ファイルの表示	20 など
<body>～</body>	本文の始まりと終わり	5 など	<input type=" ">	フォームの中の部品	23 など
 	改行	13 など	<li> ～ </li>	リストの表示	13
<dd>～</dd>	用語の説明	23	<option>～</option>	選択部品の選択項目の指定	24
<div>～</div>	行や段落にする範囲	19 など	<script>～</script>	スクリプトの始まりと終わり	5 など
<dl>～</dl>	定義リスト	23	<select>～</select>	フォーム内の選択部品の表示	24
<dt>～</dt>	定義する用語	23	<style>～</style>	デザイン設定の始まりと終わり	14 など
<form>～</form>	入力フォームの表示	23 など	<table>～</table>	表の始まりと終わり	14 など
<h1>～</h1>	見出し	19	<td>～</td>	中身セルの始まりと終わり	14 など
<head>～</head>	ヘッダ部分の始まりと終わり	5 など	<th>～</th>	見出しセルの始まりと終わり	14 など
<hr>	横線を引く	25 など	<title>～</title>	タイトルの指定	14 など
<html>～</html>	HTML 文書の始まりと終わり	5 など	<tr>～</tr>	行の始まりと終わり	14 など
<iframe src=" "> ～ </iframe>	フレーム表示	25 など	<ul>～</ul>	順序のないリスト	13

4 入力した文字を表示してみよう

ここでは，「prompt( )」メソッドを用います。

❓ prompt( ) とは

ユーザーが直接入力した文字列を変数の値にします。
| prompt( ) | のように使い，( )内には表示させたい文字列を入れます。

---

1 サンプルプログラムを入力します。

サンプルプログラム `KIHON01.HTML`

```
<html>
<body>
<script>
var s=prompt("あなたの名前は?");
document.write("もしもし,",s,"さんですか?");
</script>
</body>
</html>
```

2 ファイル名「KIHONO1.HTML」で保存します。

3 プログラムを実行して，文字を表示します。

① ユーザープロンプトに名前を入力します。

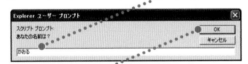

② OK を押します。

③ 下のように表示されます。

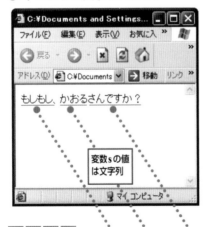

基本命令

document.write ("もしもし、",s,"さんですか? ");

❓ 変数とは

値を代入する箱のようなものです。箱のことを変数名といいます。値には，数字や文字列が入ります。
例えば，次のようなステートメントの場合は，以下のようになります。

```
var s = "電卓";
```

・var は変数の宣言で，省略可能。
・s が変数名，"電卓"が値。
＊文字列はダブルクォーテーションマークで囲みます。

ここでは，ユーザが入力した文字列または数字が変数 s の値になり，document.write メソッドによって表示されます。

❓ document.write ( )

( )内の文字列などを表示するメソッドです。
( )の中に複数の文字列を並べるときには，「+」で区切ります。write メソッドの場合には，「,」（カンマ）で区切ることもできます。

注意

こんな警告が出たら・・・

① ここをクリックして［ブロックされているコンテンツを許可］を選びます。

② ［このファイルでアクティブコンテンツを実行しますか?］に「はい」を選びます。

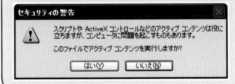

5 数字の列を数値に変換しよう

ここでは，「parseInt( )」を用います。

❓ parseInt( ) とは

数字の列を数値に変換します。

parseInt (数字の列) のように使います。

例) parseInt("81")+parseInt("3") は 84 となります。

"81"+"3" は "813" となります。

---

1 サンプルプログラムを入力します。

サンプルプログラム　KIHON02.HTML

```
<html>
<body>
<script>
n＝parseInt(prompt("nを入力して下さい"));
for(i=0;i<n;i++){
  document.write("i=",i);
}
</script>
</body>
</html>
```

2 ファイル名「KIHON02.HTML」で保存します。

3 プログラムを実行して，文字を表示します。以下のように表示されます。

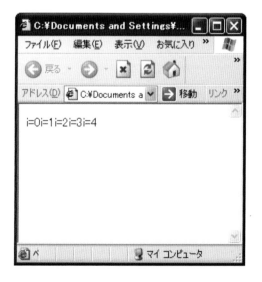

i=0i=1i=2i=3i=4

❓ for 文

for 文を使えば，繰り返しの処理が指示できます。

```
for（変数の初期化；条件；増分値）{
  実行される処理；
}
```

のように使います。

左の例でいうと，

変数 i は初期値として 0 が代入され，

i が n 未満であれば，処理が実行されます。

i++ は 1 回処理が実行される度に i が 1 増えるという意味です。

もし 2 ずつ増やしたい場合は，i++ を i=i+2 とします。

小数点を含む数字の列のときは parseFloat（数字の列）を用います。

ためしてみよう

摂氏の温度を C，華氏の温度を F とすれば，F=C × 1.8+32 が成り立ちます。

摂氏の温度を入力して華氏に変換するプログラムを作ってみよう。

6 入力によって動きを変えよう

ここでは，if ～ else 文を用います。

❓if 文

if 文を用いると，「もし○○だったら××しよう」という処理ができます。

```
if( 条件 ){
  条件が満たされた場合に実行される処理；
}
```

というように記述します。

❓if ～ else 文

条件を満たさなかった場合にも指示ができます。

```
if( 条件 ){
  条件が満たされた場合に実行される処理；
}else{
  条件が満たされなかった場合に実行される処理；
}
```

●以下のフローチャートで示された動きをプログラムにしてみよう。

KIHON03.HTML

```
<html>
<body>
<script>
if(confirm(" 空席がありますか？ ")){
 if(confirm(" お年寄りや体の不自由な人が立っていますか？ ")){
   document.write(" 席を教えてあげよう ");
 } else {
   document.write(" 安全のため座ろう ");
 }
} else {
 document.write(" あきらめて立とう ");
}
</script>
</body>
</html>
```

＊5～6行目は改行しないで1行で記述すること。

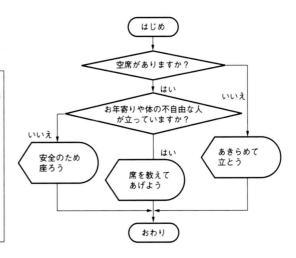

❓ confirm( )

OK とキャンセルボタンの付いた確認ウインドウを開くというメソッドです。

フローチャート
　動作や処理の手順を図で表したものです。工業規格になっているものもあります。

判断
　もし～～が＊＊だったら
という意味の文をプログラムに導入します。これを「判断」といいます。

判断の3パターン
① もし～～だったらAをする。
② もし～～だったらAをし，そうでなかったらBをする。
③ もし～～だったら☆☆をし，
　そうではないが，もし▪▪だったら△△をし，
　そうではないが，もし%%だったら◇◇をし，
　……
　どれでもなければ，◎◎をする。

7 乱数を用いてみよう

❓ 乱数とは

乱数とは不規則な数のことです。

JavaScript で乱数を発生させるには，Math オブジェクトの random( ) メソッドを用います。

```
x=Math.random();
```

というように記述し，x には 0 以上 1 未満の数値が代入されます。

値は，代入されるたびに異なります。

乱数はルーレット
のようなものです。

●以下のプログラムを入力してじゃんけんゲームを作ってみよう。

▶ KIHON04.HTML

```
<html>
<body>
<script>
y=3*Math.random();
document.write("コンピュータの手は");
if(y<1){
  document.write("グー");
} else if(y<2){
  document.write("チョキ");
} else {
  document.write("パー");
}
document.write("です。");
</script>
</body>
</html>
```

❓ 乱数の利用

ランダムにグー，チョキ，パーを表示させるには乱数を使います。

```
y=3*Math.random();
```

3をかけることで，y は 0 以上 3 未満の数値が代入されます。

❓ 乗算

a*b は，a と b をかける，という意味です。

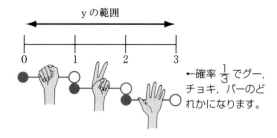

y の範囲

←確率 $\frac{1}{3}$ でグー，チョキ，パーのどれかになります。

```
C:¥Documents and Settings¥...
ファイル(F)  編集(E)  表示(V)  お気に入り »
戻る    ×  アドレス(D) C:¥Documents a   移動  リンク »

コンピュータの手はグーです。

マイ コンピュータ
```

ためしてみよう①

上のプログラムで y<1.5 として実行するとどのように動くか考えてみよう。

ためしてみよう②

000 から 999 までの数を表示するスロットを作ってみよう。

8 繰り返し計算をさせよう

ここでは，do～while 文を用います。

❓ while 文と do～while 文

while 文は，「条件が満たされている間，繰り返し同じ処理を実行する」という構文です。

while 文がある条件が満たされている場合のみ処理を実行するのに対し，do～while 文では処理実行後に条件判断をしています。

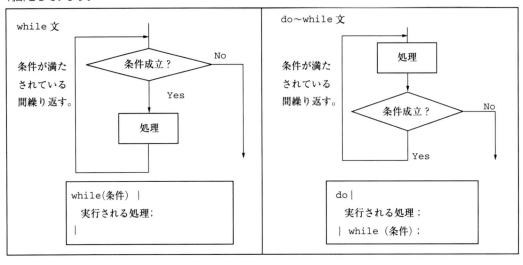

```
while 文

条件が満た
されている
間繰り返す。

          条件成立？ ──No──
            │
           Yes
            │
          処理

while(条件) {
  実行される処理；
}
```

```
do～while 文

条件が満た           処理
されている
間繰り返す。
                    条件成立？ ──No──
                      │
                     Yes

do {
  実行される処理；
} while (条件)；
```

● 暗証番号チェックプログラムを作ってみよう。

最大3回まで暗証番号を入力させ，あらかじめ決めている暗証番号(このプログラムの場合，8行目の1616)と一致しているかどうかを調べるプログラムです。

▶ KIHON05.HTML

```html
<html>
<body>
<script>
k=0;
do {
  m=parseInt(prompt(" 暗証番号を入力して下さい "));
  k=k+1;
  if(m == 1616){
    k=4;
  } else {
    document.write(k, " 回ログイン失敗 <br>");
  }
} while(k<3);
if(k==4) {
  document.write(" ログインできました！");
} else {
  document.write(" ログインできません。終了します。");
}
</script>
</body>
</html>
```

❓ 「=」 と 「==」

JavaScript では，

○ = □ は，○に□を代入する

○ == □ は，○と□が等しい

という意味になります。

左の例でいうと変数 k の値が，

k=0，1，2 →それまでの失敗回数
k=3 → ログイン不可能なのでプログラムを終了させる。
k=4 → ログイン OK とする。

配列を用いてみよう

🔵 配列とは

31	28	31	30	31	30	31	31	30	31	30	31
d[0]	d[1]	d[2]	d[3]	d[4]	d[5]	d[6]	d[7]	d[8]	d[9]	d[10]	d[11]
1月	2月	3月	4月	5月	6月	7月	8月	9月	10月	11月	12月

このように，たくさんの変数に番号をつけて並べたものを配列といいます。

JavaScript では <code>var 配列名 =new Array();</code> というように表します。

●配列を使って1ヶ月の日数を表示してみよう。

KIHON06.HTML

```
<html>
<body>
<script>
d=new Array(
31,28,31,30,31,30,31,31,30,31,30,31);
m=parseInt(prompt("1 から 12 の値を選んで下さい。"));
document.write(d[m-1]);
</script>
</body>
</html>
```

🔵 配列の書き方

左のプログラムは下のようにも表すことができます。

```
d=new Array(12)
 d[0]=31;
 d[1]=28;
   ⋮
```

この場合，( ) 内は数字が入り，配列の長さを指定します。なお，この数字は省略してもかまいません。

例えば，5月の日数は d[4] に入っています。

●1月1日から x 日目は何月何日になるか表示してみよう。

KIHON07.HTML

```
<html>
<body>
<script>
d=new Array(
 31,28,31,30,31,30,31,31,30,31,30,31);
x=parseInt(prompt(" 日を入力して下さい "));
if(x>365){
  document.write(" 数値が大き過ぎます。");
} else if(x<0){
  document.write(" 数値が小さ過ぎます。");
} else {
  m=0;
  while(d[m]<x) {
    x=x-d[m];
    m=m+1;
  }
  document.write
  (" その日は ",m+1," 月 ",x," 日です。");
}
</script>
</body>
</html>
```

x=100 としたときの例

月	残り日数	その月の日数	
1	100	31	100>31 なので 2 月へ
2	69	28	69>28 なので 3 月へ
3	41	31	41>31 なので 4 月へ
4	10	30	10 ≦ 30 なので 4 月 10 日が 100 日目

10 自分で関数を作ってみよう

❓ 関数とは

関数とは，1つのプログラムで同じ計算を2回以上行なうとき，その部分を1回だけ，プログラムの別の部分に書いておく方法です。

関数の定義は，次の書式によって行なわれます。

```
function 関数の名前 ( 引数リスト ){
  関数によって実行される処理 ;
  return ;
}
```

また，宣言しただけでは関数は実行されません。
関数は，以下のように呼び出します。

```
関数名 ( 引数リスト ) ;
```

❓ 引数（ひきすう）

関数が適用される値のことです。

❓ return

関数が実行された後の値を，呼び出した関数の側に返します。

●色のデータから明度を計算してみよう。

明度とは色の明るさの度合のことです。

明度は以下の式で求められます。

$$明度 = \frac{1}{1000}（赤 \times 299 + 緑 \times 587 + 青 \times 114）$$

この式を自作関数で定義します。
赤，緑，青は，0以上255以下の数値で，それぞれの色の強さを表しています。

明度が近い色どうしは，白黒コピーすると，違いがわかりにくくなります。
↓
色覚異常の人には区別がつきません。

〈例〉

カラー	文字	背景	明度の差	白黒表示の例
情報	R0 G40 B255 明度52.55	R128 G0 B0 明度38.272	14.28	
情報	R0 G48 B0 明度28.176	R255 G167 B144 明度190.69	162.514	情報

```html
<html>
<body>
<script>
function meido(red,green,blue){
 x=(red*299+green*587+blue*114)/1000;
 return(x);
}

h=new Array(" 文字 ", " 背景 ");
m=new Array(2);

for(i=0;i<2;i++){

 document.write(" ★ ",h[i],
   " の色についての質問です。<br>");
 r=parseInt(prompt(" 赤の強さ (0 ～ 255) は？ "));
 g=parseInt(prompt(" 緑の強さ (0 ～ 255) は？ "));
 b=parseInt(prompt(" 青の強さ (0 ～ 255) は？ "));
 m[i]=meido(r,g,b);
 document.write("<ul><li> 赤の強さは、",r," です。");
 document.write("<li> 緑の強さは、 ",g," です。");
 document.write("<li> 青の強さは、 ",b," です。");
 document.write("<li> 明度は、",m[i]," です。</ul>");
}

sa = Math.abs(m[0]-m[1]);

document.write(" 二つの色の明度の差は、",
  sa ," です。<br>");

if(sa<125){
  document.write(" 明度差が小さ過ぎます。<br>");
} else {
  document.write(" 明度差は十分大きいです。<br>");
}
</script>
</body>
</html>
```

「自作関数を呼び出すときの変数を並べる順番」

と

「呼び出された自作関数の変数を並べる順番」

を等しくする。

❓ 明度の差の絶対値

絶対値を求めるには，Math.abs( ) を利用します。Math.abs(3)の値も，Math.abs(-3) の値も 3 です。

★文字の色についての質問です。

- 赤の強さは、0です。
- 緑の強さは、40です。
- 青の強さは、255です。
- 明度は、52.55です。

★背景の色についての質問です。

- 赤の強さは、128です。
- 緑の強さは、0です。
- 青の強さは、0です。
- 明度は、38.272です。

二つの色の明度の差は、14.277999999999998です。
明度差が小さ過ぎます。

11 HTMLに組み込んでみよう

HTML CSS の利用

CSS とは Cascading Style Sheet の略です。Web ページの見た目に関することをまとめて設定することができます。

Web ページのデザインは，CSS を使うように推奨されています。

HTML 表を作るタグ

\<table\> ～ \</table\>
表全体を示します。
\<tr\> ～ \</tr\>
行を表します。
\<th\> ～ \</th\>
見出しに用いるセルを表します。
太い文字のフォントを利用します。
また，文字列は中心に配置されます。
\<td\> ～ \</td\>
内容に用いるセルを表します。
文字列は左に寄せて配置されます。

> **コラム**
>
> 行：横方向
> 列：縦方向
>
> 世界的に，縦方向でも「行」と呼ぶことがあるのは，日本や，その周辺の国に限られています。世界的には「行」といえば横方向と決まっていると思ってかまいません。

●表を作ってみよう

KIHON09.HTML

```
<html>
<head>
<title> 表 </title>
<style type="text/css">
th, td{border-width:2px; border-style:solid;}
</style>
</head>
<body>
<table>
 <tr><th> 自由 </th>
 <th> 平等 </th>
 <th> 博愛 </th></tr>
 <tr><td> リベルテ </td>
 <td> エガリテ </td>
 <td> フラテルニテ </td></tr>
 <tr>
<td>libert&eacute;</td>
<td>&eacute;galit&eacute;</td>
<td>fraternit&eacute;</td>
</tr>
</table>
</body>
</html>
```

> **CSS の利用**
> 表の各セルに枠を作り，幅を2px にします。

14

●かけ算の表を作ってみよう。

KIHON10.HTML

```
<html>
<head>
<title> かけ算の表 </title>
<style type="text/css">
th, td{border-width:2px; border-style:solid;}
th {background:#aaffff;}
td {background:#ffffaa; text-align:right;}
</style>
</head>
<body>
<script>
document.write(" ★かけ算の表を作ります。<br>");
n=parseInt(prompt("n の値は？ "));
document.write("<table>");
document.write("<tr>");
document.write("<th> 表 </th>");
for(i=1;i<=n;i++){
 document.write("<th>",i,"</th>");
}
document.write("</tr>");

for(i=1;i<=n;i++){
 document.write("<tr>");
 document.write("<th>",i,"</th>");

 for(j=1;j<=n;j++){
  document.write("<td>",i*j,"</td>");
 }
 document.write("</tr>");
}
document.write("</table>");
</script>
</body>
</html>
```

CSS の利用

各セルに枠をつけます。

見出しセルの色を指定します。

中身セルの色指定と文字配置（右寄せ）をしています。

見出しの行を作ります。

各行を作ります。

左端のセルを作ります。

中身セルを作ります。

15

コラム 文法のバグと意味のバグ

プログラムのバグには大きく2種類のタイプがあります。それぞれについて，具体例を見てみましょう。

文法のバグ

プログラミング言語が定めている文法に違反しているときに現れるバグです。この種のバグがあるときは，プログラムは動作しません。

[A] document.rite や doqument.write のように明らかなスペル間違いは文法違反です。

[B] JavaScript では，document.write という命令はありますが，document.draw という命令はありません。ボキャブラリーは少ないのです。

[C] カッコ開きと閉じが対応していない場合なども文法違反です。

document.write("i=", i];

[D] 命令の最後にセパレータを置かないのも文法違反です。

document.write("i=", i)

ただし，このエラーは，無視される（ブラウザが勝手に補って読み込む）こともあります。

[E] JavaScript の命令はすべて半角文字で書く必要があります。全角文字はダブルクォーテーションマークの中だけに書くことができます。

①ｄｏｃｕｍｅｎｔ．ｗｒｉｔｅ（＂おはよう＂）；

すべて全角になっています。

② document.write(" こんにちは ＂）；

この部分は半角にしておくべきです。

③ document.write(" こんばんは ");　

ここに全角空白が残っています。

③の例は発見が難しいです。メモ帳の [編集] → [すべてを選択] を実行して，探してみるとよいです。

意味のバグ

文法上は正しくてもプログラムを利用できないときのバグです。

[A] 少しだけ異なる内容を実行する。

例「おはよう」と表示すべきなのに「こんばんは」と表示してしまった。

[B] まったく異なる内容を実行する。

例「おはよう」と表示すべきなのに，突然画像編集ソフトが起動した。

[C] 実行できないプログラムになっている。

例

```
<html>
<body>
<script>
for (i=10; i<0; i++){
  document.write(" 情報 ");
}
</script>
</body>
</html>
```

このプログラムは，「i<0 を満たす間，i=10，11，…と増える」となっているので，まったく実行されません。このようなプログラムの「意味のバグ」を発見することは簡単ではありません。

1 ステータスバーやタイトルバーに文字を表示してみよう　課題編

●ステータスバーに prompt( ) で入力した文字を表示してみよう

KADAI01.HTML

```
<html>
<head>
<title> 入力された内容をステータスバーに表示 </title>
<script type="text/JavaScript">
function check_in() {
 namae = prompt(" お名前は？ ");
 age = prompt(" おいくつですか？ ");
 msg = age + " 歳の " + namae + " さん、ようこそ。";
 window.status = msg;
}
</script>
</head>
<body onLoad="check_in()">
</body>
</html>
```

学習済みの項目
・prompt → p.6
・function → pp.12-13

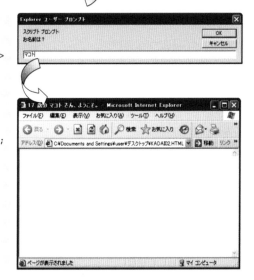

●タイトルバーに prompt( ) で入力した文字を表示してみよう

KADAI02.HTML

```
<html>
<head>
<title> 入力された内容をタイトルバーに表示 </title>
<script type="text/JavaScript">
function check_in() {
 namae = prompt(" お名前は？ ");
 age = prompt(" おいくつですか？ ");
 msg = age + " 歳の " + namae + " さん、ようこそ。";
 document.title = msg;
}
</script>
</head>
<body onLoad="check_in()">
</body>
</html>
```

❓ window オブジェクトと status プロパティ

　window というオブジェクトは，ブラウザの画面全体を指します。 window.status というプロパティは，画面全体の下側にある「ステータスバー」に表される文字列を指します。

　上のプログラムでは，prompt( ) を利用して名前と年齢を聞き，画面の下のステータスバーの部分に，その内容を表示します。

❓ document オブジェクトと title プロパティ

　文書部分は document というオブジェクトです。ブラウザの上のタイトルバーは，document.title というプロパティになっています。そこで，この値に msg を設定すれば，タイトルバーに挨拶を表示することができます。

❓ ページを読み込んだときに実行する処理を指定する / onLoad

　<body> タグに onLoad=" 関数名 " を付けておくと，そのページを読み込んだときに実行する関数を指定することができます。

2 時刻を調べて1秒ごとに表示してみよう

KADAI03.HTML

```
<html>
<head>
<title>タイトルバーに現在時刻を表示</title>
<script type="text/JavaScript">
function nowTime(){
  genzai=new Date();
  t=genzai.getHours();
  m=genzai.getMinutes();
  s=genzai.getSeconds();
  if(t<10){
    t="0"+t;
  }
  if(m<10){
    m="0"+m;
  }
  if(s<10){
    s="0"+s;
  }
  document.title=t+":"+m+":"+s;
  timerID=setTimeout("nowTime()",1000);
}
</script>
</head>
<body onLoad="nowTime()">
</body>
</html>
```

学習済みの項目
- if → p.8
- function → pp.12-13
- document.title → p.17
- onLoad → p.17

❷ Date オブジェクト

現在時刻を調べるには，Date オブジェクトを利用します。上のプログラムのように Date オブジェクトを1つ用意し，それに genzai という名前を付け，genzai の時・分・秒を読み出します。読み出すには，getHours(), getMinutes(), getSeconds() などのメソッドを用います。ちょうど，genzai という名前を付けた時計を買ってきて，その時を t，分を m，秒を s という変数に代入したと思って下さい。

また，日を読み出す getDate()，曜日を読み出す getDay() というメソッドもあります。

❷ 待機時間を指定して関数を呼び出す / setTimeout（関数名，待機時間）

setTimeout は，setTimeout（関数名，待機時間）のように使います。setTimeout が，呼び出されてから指定された待機時間（ミリ秒）の後に，関数名に指定された関数を呼び出します。上のプログラムでは，1秒後に nowTime() という関数を呼び出します。このようにすると，1秒間隔で nowTime() を実行し続けることが可能です。

❷ 1桁の数値の左を 0 で埋める

getSeconds() などで読み出される値が1桁の値のときは表記がおかしくなります。例えば，7時4分2秒は "7:4:2" と表示されます。これを "07:04:02" と表示するには，時・分・秒のそれぞれが10未満のときは左側に "0" をつけることが必要です。

3 文字の色や背景の色を変えよう

```html
<html>
<head>
<title>教科「情報」を学ぼう。</title>
<script type="text/JavaScript">
function ChangeFG(iro){
    document.fgColor=iro;
}


function ChangeBG(iro){
    document.bgColor=iro;
}
</script>
</head>
<body>
<div>
|<a href="javascript:ChangeFG('green')"> 文字を緑に </a>
|<a href="javascript:ChangeFG('red')"> 文字を赤に </a>
|<a href="javascript:ChangeFG('black')"> 文字を黒に </a>
|</div>
<div>
|<a href="javascript:ChangeBG('yellow')"> 背景を黄色に </a>
|<a href="javascript:ChangeBG('aqua')"> 背景を水色に </a>
|<a href="javascript:ChangeBG('lime')"> 背景を黄緑に </a>
|</div>

<h1> 教科「情報」を学ぼう。</h1>
</body>
</html>
```

学習済みの項目
・function → pp.12-13

HTML <div> ～ </div> とは

 ～ は行や段落にする範囲を指定します。

❓ アンカーに JavaScript の命令を組み込む / <a href="javascript：命令文"> ～ </a>

アンカーを表すタグ <a href=" "> と </a> ではさまれた文字は，ブラウザで表示すると，クリックすることができるようになります。通常は href="URL" と書いてリンクにしますが，href="javascript:JavaScript の命令" として，命令を直接書くことができます。

❓ 文字や背景の色を表すプロパティを設定する / document.fgColor，document.bgColor

document にはさまざまなプロパティがあり，値を設定できます。

文字の色を設定するには，document オブジェクトの fgColor というプロパティを利用します。また，背景の色を設定するには，document オブジェクトの bgColor というプロパティを利用します。

19

4 画像の大きさを変えよう

　KADAI05 というフォルダを作り，画像ファイル image0.jpg を入れます。同じフォルダの中に，次の HTML
ファイルを保存し，実行してみましょう。

学習済みの項目
・function → pp.12-13
・<a href=" "> ～ </a> → p.19
・<div> ～ </div> → p.19

KADAI05.HTML

```
<html>
<head>
<title> 画像の大きさを変える </title>
<script type="text/JavaScript">
function Henkou(i){
    document.images[0].width=120*i;
}
</script>
</head>
<body>
<div>
| <a href="javascript:Henkou(1)"> とても小さく
</a>
| <a href="javascript:Henkou(2)"> 小さく </a>
| <a href="javascript:Henkou(3)"> 中間 </a>
| <a href="javascript:Henkou(4)"> 大きく </a>
| <a href="javascript:Henkou(5)"> とても大きく
</a>
| </div>
<div><img src="image0.jpg"></div>
</body>
</html>
```

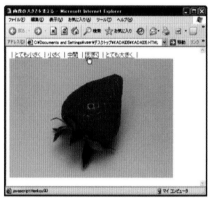

❷ 画像の大きさを表すプロパティを調整する / document.images[ ].width

　画像にはさまざまなプロパティがあり，値を設定できます。

　ここでは，画像の幅を表すプロパティを設定します。

　document.images[0].width というプロパティは，そのページに出ている 1 番目の画像ファイルの幅です。
ここにいろいろな値を代入すれば，画像の幅を変更することができます。

　例えば，「小さく」をクリックすると，Henkou(2) が呼び出され，document.images[0].width に 240 が
代入されることがわかります。

　このとき，画像の高さも幅に合わせて変化します。なお，変化させている間，画像ファイルを再読み込みして
いるのではありません。

5 表示画像を切り替えよう

KADAI06 というフォルダを作り，画像ファイル image0.jpg, image1.jpg, image2.jpg, image3.jpg, image4.jpg を入れます。同じフォルダの中に，次の HTML ファイルを保存し，実行してみましょう。

KADAI06.HTML

```html
<html>
<head>
<title> メニューで画像を切り替え </title>
<script type="text/JavaScript">
img= new Array();
img[0]="image0.jpg";
img[1]="image1.jpg";
img[2]="image2.jpg";
img[3]="image3.jpg";
img[4]="image4.jpg";
function ChangeImg(imgNo){
  document.images[0].src = img[imgNo];
}
</script>
</head>
<body>
<div>
| <a href="javascript:ChangeImg(0)">image0</a>
| <a href="javascript:ChangeImg(1)">image1</a>
| <a href="javascript:ChangeImg(2)">image2</a>
| <a href="javascript:ChangeImg(3)">image3</a>
| <a href="javascript:ChangeImg(4)">image4</a>
| </div>
<div><img src="image0.jpg" name="view"></div>
</body>
</html>
```

学習済みの項目
- newArray → p.11
- function → pp.12-13
- `<a href=" "> ～ </a>` → p.19
- `<div> ～ </div>` → p.19

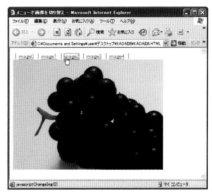

❓ 画像のファイル名を表すプロパティを設定する / document.images[ ].src

document.images[0].src というプロパティは，そのページに出ている1番目の画像のファイル名を表します。

❓ ページ再読み込みをしなくても画像ファイルを入れ替えることができる方法

上のプログラムでは，画像ファイルの入れ替えをしても，新たに画像ファイルを読み込みません。最初にページが表示されたときに，5つの画像はすべてブラウザに読み込まれていて，あとは，document.images[0] の値として，5つの画像ファイルの名前を設定しています。したがって，ページ再読み込み（更新）をしなくても画像ファイルのみの入れ替えができます。

6 # 画像を繰り返し表示しよう

p.21 のように同じフォルダ内に画像を用意しておこう。

▶ **KADAI07.HTML**

```html
<html>
<head>
<title>スライドショー</title>
<script type="text/JavaScript">
img= new Array();
img[0]="image0.jpg";
img[1]="image1.jpg";
img[2]="image2.jpg";
img[3]="image3.jpg";
img[4]="image4.jpg";

i=0;
function SlideShow(){
   ss.src=img[i];
   i=i+1;
   if (i>4)
     i=0;
   t=setTimeout("SlideShow()", 3000);
}
</script>
</head>
<body onLoad="SlideShow()">
<img src="image0.jpg" id="ss">
</body>
</html>
```

学習済みの項目

・if → p.8   ・onLoad → p.17
・newArray → p.11   ・setTimeout → p.18
・function → pp.12-13

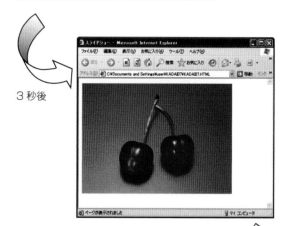

3 秒後

❷ id 属性の利用

上のプログラムでいうと，IMG タグの ss という id 属性は，画像を表示する場所に付けられた名前です。

ページを読み込んだときに実行される SlideShow() 関数の中にある ss.src は，id="ss" で指定された場所で用いる画像ファイルの名前です。i の値を 1 ずつ増やしながら，ss.src を変更し，setTimeout に設定された時間だけ待機した後，再び SlideShow() を呼び出します。また，i の値が 4 より大きくなると 0 に戻して繰り返します。

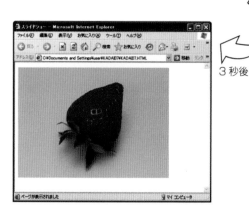

3 秒後

7 フォームを利用して文字列入力を処理しよう

●ミニクイズを作ってみよう

KADAI08.HTML

```html
<html>
<head>
<title> ミニクイズ </title>
<script type="text/JavaScript">
function check(){
   if (document.mondai.kaitou.value==" 東京 ") {
     document.mondai.kotae.value=" 正解です。 ";
   } else {
     document.mondai.kotae.value=" 残念、間違いです。 ";
   }
}
</script>
</head>
<body>
問題
<form name="mondai">
<dl>
<dt> 日本の首都名を漢字で書くと？
<dd>
<input type="text" size="20" name="kaitou">
<input type="button"  value="答を送信" onClick="check()">
<dt> 判定結果
<dd><input type="text" size="20" name="kotae">
</dl>
</form>
</body>
</html>
```

❷クリックされたときに実行する処理を指定する / onClick

オブジェクトがクリックされたときに実行する処理を指定することができます。<input type=" " value=" " onClick=" " >のように使います。このプログラムでは, onClick= の後に関数が置いてあり, 答えを送信というボタンを押すと, check() という関数が実行されるようになっています。

HTML フォーム

◆フォームの設置

HTML では, ボタン, テキスト入力エリアなどを作るには, まずボタンやテキスト入力を置きたい場所全体を <form> ～ </form> で囲みます。(これは, JavaScript の機能ではありません。) name="mondai" のようにしておくと, その内容を, 冒頭の処理部分で document.mondai という名前で指定することができます。

◆入力オブジェクトの設置

ボタンやテキスト入力エリアを置くときは, input というタグを用います。
input タグの type="button" の部分は, 次の種類があります。

type	button	checkbox	radio	select	text	textarea	submit
形	ボタン	チェックボックス(多数選択)	ラジオボタン(択一式ボタン)	プルダウンメニュー(択一式ボタン)	短い文章を表示・入力	長い文章を表示・入力	送信ボタン(入力した内容を送信)

name="kaitou" のようにしておくと, その内容を冒頭の処理部分で document.mondai.kaitou という名前で指定することができます。

◆フォームの値 / value

ユーザが入力した値は, document.mondai.kaitou.value のように, value をつけたプロパティで読み出したり書き込んだりすることができます。例えば, このプログラムでは, check という関数の中で, mondai と名付けられたフォーム中の kaitou と名付けられたテキストの値を, document.mondai.kaito.value というプロパティで読み出しています。その値が「東京」に等しければ「正解です。」と表示し, そうでない場合は「残念, 間違いです。」と表示します。表示も, document.mondai.kotae.value というプロパティに値を代入することで実現しています。

●通学経路を比較してみよう

▶ **KADAI09.HTML**

```html
<html>
<head>
<title> 通学経路の比較 </title>
<script type="text/JavaScript">
function func() {
    n1=parseInt(document.F1.S1.value);
    n2=parseInt(document.F1.S2.value);
    n3=parseInt(document.F1.S3.value);
    document.F1.GOUKEI.value=n1+n2+n3;
}
</script>
<body>
<form name="F1" action="#">
<table border="1">
<tr><th> 区間 </th><th> 利用交通機関 </th></tr>
<tr><td> 自宅→八王子駅 </td>
<td>
<select name="S1">
<option value="20"> 徒歩
<option value="10"> 自転車
<option value="8"> バス
</select>
</td></tr>
<tr><td> 八王子駅→中野駅 </td>
<td>
<select name="S2">
<option value="45"> 快速
<option value="32"> 特別快速
</select>
</td></tr>
<tr><td> 中野駅→学校 </td>
<td>
<select name="S3">
<option value="15"> 徒歩
<option value="8"> バス
</select>
</td></tr>
</table>
<input name="BT" type="button" value="合計は"
onClick="func()">
<input name="GOUKEI" type="text" value=""
size="10"> 分かかります。
</form>
</body>
</html>
```

学習済みの項目
- parseInt → p.7　　　・ <form> ～ </form> → p.23
- function → pp.12,13　・ value → p.23
- onClick → p.23

HTML <select> ～ </select>

　<form> で作成されるフォーム内の選択部品（セレクトボックス）を表示するのが <select> です。それぞれの選択肢を記述するのには <option> を用います。

　select に S1 と名前を付け，徒歩・自転車・バスの選択肢を option によって記述しています。

　このプログラムでは，3つのフォーム S1, S2, S3 で選ばれている値を読み出して，それらの合計を計算し，テキスト領域の値に代入をしています。

　まず，3つの select，1つのボタン，1つのテキスト領域が1つのフォーム F1 の中に入っています。そして，ボタンを押したときには func() という関数が呼び出されます。

　func() では，3つの select に書かれている value を読みとって，数値に変換してから n1, n2, n3 という変数に代入し，そして最後に GOUKEI というテキスト領域の value に代入しています。

入力された文字を読み出して別のフレームに表示しよう

まず, DUMMY.HTML というファイルを作っておきます。内容は,

DUMMY.HTML

```
<html>
<body>
</body>
</html>
```

学習済みの項目
・function → pp.12-13
・onClick → p.23
・<form>〜</form> → p.23
・value → p.23

の4行のみで OK です。そして, 同じフォルダに次のファイルを作ります。

KADAI10.HTML

```
<html>
<head>
<title> 入力文字の表示 </title>
<script type="text/JavaScript">
function hyouji() {
        shikaku=document.nyuuryoku.ntext.value;
        syuturyoku.document.open();
        syuturyoku.document.write(shikaku);
        syuturyoku.document.close();
}
</script>
</head>
<body>
<form name="nyuuryoku">
<input type="text" name="ntext">
<input type="button" value=" 入力文字を表示する "
onClick="hyouji()">
</form>
<hr>
<iframe src="DUMMY.HTML" name="syuturyoku"
  width="320" height="240"></iframe>
</body>
</html>
```

HTML フレームを表示する / <iframe src=" "> 〜 </ iframe>

iframe とは Inline frame の略で, 画面にフレーム (四角い領域) を表示することができます。<iframe src= url> と用いて, フレームの中身に表示する文書の URL を指定します。

上のプログラムを実行すると, <iframe> で指定された部分に syuturyoku という名前を付けます。

上の空欄に文字を入力してみましょう。「入力文字を表示する」というボタンを押すと, syuturyoku と名付けられたフレームの中にある DUMMY.HTML に書き込みを行ないます。

❓ 外部ドキュメントに書き込む / document.open( ), document.close( )

document オブジェクトの open( ) メソッドは外部ドキュメントを開く, close( ) メソッドは外部ドキュメントへの書き込みを閉じるという意味です。

p.25 のように，DUMMY.HTML というファイルを同じフォルダに用意しておこう。

KADAI11.HTML

```
<html>
<head>
<title> 入力文字の表示 </title>
<script type="text/JavaScript">
function hyouji(){
        txt=document.nyuuryoku.ntext.value;
        syuturyoku.document.open();
        syuturyoku.document.write(txt);
        syuturyoku.document.close();
}
</script>
</head>
<body>
<form name="nyuuryoku">
<input type="text" name="ntext"
onKeyup="hyouji()"></form>
<hr>
<iframe src="DUMMY.HTML" name="syuturyoku"
  width="320" height="240"></iframe>
</body>
</html>
```

学習済みの項目
· function → pp.12-13
· \<form\> ～ \</form\> → p.23
· value → p.23
· \<iframe src=" "\> ～ \</iframe\> → p.25
  document.open
· document.write → p.25
  document.close

❷ ユーザがキーボードから指を離したときに実行する処理を指定する / onKeyup

onKeyup を用いれば，ユーザがキーボードから指を離したときに処理を実行することができます。

p.25 のプログラムを少し変更しています。入力文字を反映させるために，\<input\> の中にonKeyup="hyouji()" と記入しておきます。こうすると，テキスト領域の中でキーボードから指を離す度にhyouji() という関数を呼び出し，内容の更新を行ないます。あたかも，入力に合わせて表示が行なわれるように見せることができます。

11 文字入力に応じてブラウザを制御しよう

学習済みの項目
・if → p.8
・function → pp.12-13
・document.bgColor → p.19
・<div> ～ </div> → p.19
・<form> ～ </form> → p.23
・value → p.23
・onKeyup → p.26

KADAI12.HTML

```html
<html>
<head>
<title> 入力文字数をリアルタイムで求める </title>
<script type="text/JavaScript">
function Kazoeru() {
  mojisuu=hachimoji.mado.value.length;
  hachimoji.kekka.value=mojisuu;
  if(mojisuu>7){
      document.bgColor="yellow"
  }
}
</script>
</head>
<body>
<form name="hachimoji">
<div> 8 文字入力：
<input type="text" name="mado" onKeyup="Kazoeru()">
</div>
<div> 入力文字数：
<input type="text" name="kekka"></div>
</form>
</body>
</html>
```

❷ 文字列の長さを求める / length

文字列の長さは，文字列の後ろに length プロパティをつけると求めることができます。

このプログラムでは，1 文字ずつ，入力される度に Kazoeru という関数を呼び出して，そのフォームに書かれている内容を処理します。また，このプログラムでは，入力された文字数が 7 を越えたときは，背景の色を黄色にするように作られています。

■コラム△ クロスサイトスクリプティング脆弱性

pp.25 ～ 27 のプログラムのように，入力された文字をそのまま表示するプログラムを Web で公開していると，利用者のブラウザに記憶されているクッキーと呼ばれる個人情報の一種を盗み出すわなを，全く関係ない人に仕掛けられる可能性があります。このようなわなを仕掛けられるページを「クロスサイトスクリプティング脆弱性」（XSS 脆弱性と略すことが多い）があるページと呼びます。そのため，このように入力された内容をそのまま表示するプログラムは，作っても Web で公開してはいけません。

そのページがクロスサイトスクリプティング脆弱性を持つかどうかは，入力欄に <s>abc</s> のようにタグを入力してみるとはっきりします。

もし，<s>abc</s> と，タグも文字と同じように表示されれば安全です。一方，~~abc~~ と文字の上に取消線が表示されれば，クロスサイトスクリプティング脆弱性があります。

12 正規表現を利用しよう

●メールアドレスチェッカーを作ってみよう

KADAI13.HTML

```
<html>
<head>
<title> メールアドレスチェック </title>
<script type="text/JavaScript">
function check(){
 flag = 0;
 if(document.form1.email.value.match(
    /^[0-9A-Za-z][0-9A-Za-z¥-¥.]*@[0-9A-Za-z][0-9A-Za-z¥-¥.]*$/)) {
    window.alert("正しいメールアドレスの形式に合っています");
 } else {
    window.alert("メールアドレスに見えません");
 }
}
</script>
</head>
<body>
<form method="post" name="form1" onSubmit="check()">
E-mail:<input type="text" name="email" size="35">
<br>
<input type="submit" value=" チェック ">
</form>
</body>
</html>
```

学習済みの項目
- if ～ else → p.8
- function → pp.12-13
- onClick → p.23
- <form> ～ </form> → p.23
- value → p.23

❷ フォーム送信時に実行する処理を指定する / onSubmit

onSubmit は submit ボタン（送信ボタン）がクリックされたときの動作を決めます。
ここでは，check( ) という関数を呼び出します。

❷ 警告ダイアログを表示する / alert( )

alert メソッドを用いると警告ダイアログを表示することができます。
上のプログラムでは，match を満たす値であれば「正しいメールアドレスの形式に合っています」という警告
ダイアログが，満たさなければ，「メールアドレスに見えません」という警告ダイアログが表示されるようになっ
ています。

❷正規表現 (Regular Expression)／match( )

　文字列を表す変数の右に match(正規表現) をつけると，その文字列が正規表現を満たしているかどうかを調べます。正規表現は主に検索・置換の場面で文字列のパターンを規則正しく表す言い回し（表現）のことです。

　ファイル名に用いられる正規表現では，複数の文字と一致する「*」，任意の 1 文字と一致する「?」が使えます。例えば，「拡張子が wav のファイル」だったら「*.wav」とするわけです。JavaScript でも正規表現が利用できます。どのような使い方ができるか，調べてみましょう。

○任意の 1 文字「.」

　例：「1.3」は「1 で始まって 3 で終わる 3 文字の文字列」を表す。一致するのは，113，193，1a3 など

○ 0 回以上の繰り返し「*」

　例：「ab*c」が一致するのは，ac，abc，abbc，abbbc など

○直前の文字の 0 回か 1 回の繰り返し「?」

　例：「AB?C」に一致するのは，AC か ABC

○直前の文字の 1 回以上の繰り返し「+」

　例：「ab+c」に一致するのは，abc，abbc，abbbc など。ac には一致しない 。

○行頭「^」と行末「$」

　例：「^Melody」に一致するのは，Melodybox，Melody08，Melody など
　　　「Melody $」に一致するのは，MyMelody，123Melody，Melody など
　　　「^Melody $」に一致するのは，Melody のみ

○ある範囲の文字「-」

　例：[a-z] は「a から z までのアルファベット」を表す。
　例：[0-9] は「0 から 9 までのアルファベット」を表す。

○どれかに一致「[」と「]」

　例：[a-z] は「a から z までのアルファベットのどれかに一致」を表す。
　　　[a-z]+ は cuckoo は合致するが，Cuckoo は合致しない。
　　　[a-zA-Z]+ は cuckoo も Cuckoo も合致する。
　　　[a-zA-Z0-9]+ は cuckoo1 も Cuckoo2 も合致する。

○いずれかの文字以外（否定）「[^」と「]」

　例：[^a-z] は「a から z までのアルファベット以外」を表す。
　　　[^a-z]+ は CUCKOO は合致するが，Cuckoo は合致しない。
　　　[^a-zA-Z]+ は 1616 は合致するが，Cuckoo も合致しない。
　　　[^a-zA-Z0-9]+ は 1616 も Cuckoo も合致しない。

いくつかの文字は特殊な方法で表す。

使いたい文字		正規表現での使い方
-	ハイフン	¥-
.	ドット	¥.
[	カッコ開き	¥[
]	カッコ閉じ	¥]
?	疑問符	¥?
*	アスター	¥*
^	ハット	¥^
$	ドル記号	¥$
¥	円記号	¥¥
	空白	¥　（円記号と空白）

例：[¥[¥]] カッコ開き，閉じだけが並んだ文字列に合致する。

❓ メールアドレスの正規表現

　実際には，メールアドレスにはさまざまな書き方が認められていますが，ここでは次のルールにしたがっていると考えましょう。
・アルファベットか数字で始まる。
・アルファベットか数字かピリオドかハイフンが続く。
・途中で 1 つだけ@がある。
・その直後はアルファベットか数字。
・そしてアルファベットか数字かピリオドかハイフンが続く。

ためしてみよう

　p.23 の「日本の首都名を漢字で書くと？」のクイズのプログラムを，「東京」だけでなく，「東京都」も正解と扱うように改造してみよう。また，そのときに「京都」は不正解となっていることを確認しよう。

13 応用問題 1

● HTML ファイルを開いたときの曜日に応じて，表示される文章の内容と背景の色を自動的に変更しよう。

KADAI14.HTML

```
<html>
<head>
<title>曜日を取得して文章と背景色を変更する</title>
<script type="text/JavaScript">
function youbi(){
  Yo=new Array(" 日 "," 月 "," 火 "," 水 "," 木 "," 金 "," 土 ");
  Iro=new Array("#ff5555","#dddddd","#ff9999",
                "#88ffff","#88ff88","#ffd700","#d2b48c");
  myDate=new Date();
  Kyou=myDate.getDay();
  document.bgColor=Iro[Kyou];
  document.write(" 今日は ",Yo[Kyou]," 曜日です。");
}
</script>
</head>
<body>
<script type="text/JavaScript">
youbi();
</script>
</body>
</html>
```

学習済みの項目
- document.write → p.6
- newArray → p.11
- function → pp.12-13
- getDay → p.18
- document.bgColor → p.19

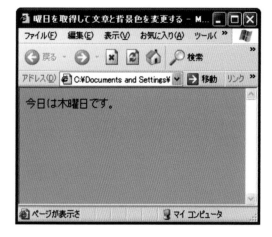

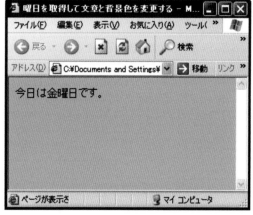

14 応用問題2

● confirm ( ) を利用してミニクイズを作ってみよう。

confirm ウインドウで OK ＝ YES，キャンセル＝ NO とします。if 文で分岐させます。また，アラートウインドウで正解・不正解・解説文などを表示します。

KADAI15.HTML

```html
<html>
<head>
<title> ミニクイズ </title>
<script type="text/JavaScript">
function mondai(){
 if(confirm(" マウスの語源はねずみです。YES なら OK を ")){
    alert(" 正解 (^_^)/ ");
 } else {
    alert(" 残念でした。");
 }
}
</script>
</head>
<body>
<a href="javascript:mondai()">
<img src="mouse.jpg" width="120" border="0">
</a>
画像（ボタン）をクリックすると問題が出ます。
</body>
</html>
```

学習済みの項目
- if 〜 else → p.8
- confirm → p.8
- function → pp.12-13
- <a href=" "> 〜 </a> → p.19
- alert → p.28

コラム Ajax （「エイジャックス」あるいは「アジャックス」あるいは「アヤックス」とは）

Ajax とは，『Asynchronous（エイシンクロナス）JavaScript ＋ XML』の略で，オープンな技術を組み合わせブラウザに操作性の高いプログラムを組み込み，サーバと連携して動作させることで，体感的，視覚的なインタラクションを与える Web サイト開発手法です。2005年2月18日に Jesse James Garrett が書いた記事で初めて「Ajax」という呼び方が用いられました。

現在，この技術を利用した地図サイト「Google Maps」や，Web メールサイト「Yahoo メール」「Gmail」，また，ブラウザで動作する表計算アプリケーションの開発などが行なわれており，これまでのアプリケーション開発を大きく変える技術として注目されています。

Google Spreadsheets
（ブラウザ上で動作する表計算アプリケーションで，JavaScript で記述されています。）

JavaScript の条件分岐と繰り返し

意　味	文　字　列	利　用　例	ページ

条件分岐	if	`if (x==0){`
		`  a=2;`
		`}`
			8 など

条件分岐	if ～ else	`if (x==0){`
		`  a=2;`
		`} else {`
		`  a=1;`
		`}`
			8 など

条件分岐	if ～ else if ～ else	`if (x==0){`
		`  a=2;`
		`} else if (x==1) {`
		`  a=1;`
		`} else {`
		`  a=0;`
		`}`
			9 など

繰り返し	while	`while (x==0){`
		`  x=func(p);`
		`}`
			10 など

繰り返し	do ～ while	`do {`
		`  x=func(p);`
		`}while (x==0);`
			10 など

繰り返し	for	`for (i=0; i<6; i++){`
		`  document.write(i);`
		`}`
			7 など

本書で使用されるイベントハンドラ

（ボタンをクリックするなどのイベントが起こったときに反応するスクリプトを定義するもの）

イベントハンドラ名	意味	ページ
onClick	対象オブジェクトがクリックされたときに実行する処理を指定する。	**23** など
onKeyup	ユーザがキーボードから指を離したときに実行する処理を指定する。	**26**
onLoad	対象オブジェクトが読み込まれたときに実行する処理を指定する。	**17**
onSubmit	フォーム送信時に実行する処理を指定する。	**28**